Tim Tim

Bwa Chèch

N ap tire
500
kont ayisyen

Gérard-Marie Tardieu

Tim Tim
Bwa Chèch

Auteur: Gérard-Marie Tardieu

For information, please contact Educa Vision Inc.,
7550 NW 47th Avenue,
Coconut Creek, FL 33073,
Telephone: 954 725-0701.
E-mail: educa@aol.com.
Web: www.educavision.com

ISBN 1-58432-045-1

TIM TIM BWA CHÈCH
500 KONT AYISYEN

ENTWODIKSYON

Tout timoun renmen tire kont ak devinèt, lè yo lekòl, lè yo lakay ak lè yo ak zanmi. Men lè yo tire kont devinèt pi plis se leswa anvan yo al dòmi.

Moun tire devinèt pou chofe anvan yo anbake nan tire kont. Devinèt vin ak kesyon yon moun poze epi asistans lan voye repons pou kesyon an. Si moun yo nan asistans lan pa konn repons devinèt lan, yo di : "M bwè pwa".

Kont yo se istwa ki pi long ki rakonte yon esperyans imajinè, ki gen peripesi, difikilte ak moral.

Liv sa a te pibliye deja Ayiti nan edisyon Areytos. Otè a Gérard-Marie Tardieu se yon edikatè, li konpile devinèt yo pou paran ak edikatè ka sèvi ak yo pou devlope vokabilè timoun yo. Liv la ka sèvi tou pou devlope ladrès pou reponn kesyon epitou ladrès panse vit nan yon kontèks konpetisyon amikal, ak kè kontan. Finalman devinèt yo se yon pon ant diferan jenerasyon.

Kenbe, ankouraje

Féquière Vilsaint

TIMTIM!
BWA CHÈCH
N ap tire

500 kont ayisyen

KRIK - KRAK

Vwala se te yon fwa: Rachèl, yon pitit fi mwen genyen, koumanse ap tire kont ban mwen. Chak jou, l al chache 2, 3 kont vin seye fè m bwè yo. Nan demele tèt mwen pou m pa bwè yo, mwen vin chofe nan jwèt la. Mwen koumanse chache kont tou. Mwen vin tire yo ba li pou m ka fè l bwè kèk zen tou. Nan tire kont konsa, Rachèl avè m nou vin wè nou konn 40, epi 50, epi 60 kont aprepre. Men, tout chache m chache nan liv, mwen pa fouti jwenn pase 2 osnon 3 kont tout moun deja konnen. Sètalò, mwen fè lide gaye kò mwen nan peyi a, pou m rekòlte kont.

Mwen pran aparèy kasèt mwen. Mwen jwenn de sekretè: Janin ak Sayil, ki vin ban mwen yon ti bourad. Epi, yon bon jou, mwen gade konsa, mwen wè m gen pase 400 kont. Se pou m di nou, nou te pase Senta bò Akayè, nou te rive Mabyal bò Jakmèl, nou te rete Grangwav, epi nou te pike Okay ale fini konbit sila a.

Awi, reyèlman vrè rekòlt la te bèl. Nan kè m, mwen di se pa posib, fòk mwen jwenn pi plis toujou.

Mwen repedale chache fouye nan liv. Konsa, m ale tonbe sou 174 kont Remy Bastien te ekri nan "Anthologie du Folklore Haïtien, Mexico DF mars 1946". Mwen te pran yon bèl ti sezisman. Pifò kont Remy Bastien jwenn yo, mwen te vin rejwenn yo 36 zan apre. Men gen yon bon 60 kont m rale nan liv misye a. Chay la te vin pi lou. Mwen ta pare kò m, pou mwen ale nan enprimri, lè m vin bare ak: "106 devinettes d'Haïti, par H. Tourneux, Espace créole 1983 no 5, L'Harmatan". Mwen pa manke kontan, paske se te yon bèl degi ankò. Nan 106 kont sa yo, mwen vin kenbe 23 mwen pat konnen ditou. Sètensi mwen vin kontwole 501 kont.

2, 3 jou apre, yon Ameriken yo rele Freeman, epi ki pwofesè kreyòl nan Inivèsite Kanzas, prete m yon liv kont ayisyen Michelson Hyppolite te ekri depi 1950. Se ak ti tiyon degi sa a mwen vin totalize 530 kont.

Mezanmi, mwen pap mize pi plis nan pale anpil, se nan Ginen m sòti, m t ap pase bò la a, yo ban mwen yon ti kout pye, mwen vin tonbe pa bò isit pou m te tire tout kont sa yo.

M ap di: "Timtim"
Pou nou reponn : "Bwa chèch".

...Epi, si nou bwè l, ale chache repons lan nan fen liv la.

ATANSYON POU NOU PA BAY BÈF POU KABRIT

1. Mòn sanba klere.

2. Wou mou fouye tè di.

3. Papa m sòti isit, li koumanse ap kawote pou jistan li fè wonn peyi a; dan wou a pa janm kolboso.

4. Kat ti fiyèl tèt anba.

5. Avelin 4 ti boutèy.

6. Avelin 4 ti fiyèl.

7. Manman m voye m nan dlo, mwen plen nan 4 sous.

8. Chak kout pikwa papa m, li plante yon pye kann.

9. Kokolo sou kokolo.

10. Rap, tap, dizwèl.

11. Ti klou kloure dèyè Breda.

12. Anwo m chèch, anba m mouye.

ZANDOLIT PA MET KANSON MABOUYA

13. Anpil ptit souse manman, manje manman.

14. 4 annavan, 2 endepandan, yon pousè mouch.

15. 4 bat lawouze, 2 pistolè rale anlè, yon pousè mouch.

16. Kat kat kat kat, de bòk bòk.

17. Mwen sot anba, mwen ap moute, m bare yon foul moun toutan nwa.

18. 4 platil plata, 2 zobil kò, 1 mobil.

19. Mwen ba ou, sa ou gade m konsa?

20. 4 pye atè, kavalye bouch-an-bouch.

21. Lè m chita mwen pi wo pase lè m kanpe.

22. Menm si ou te gran bòs ou pa kapab fè chemiz ti papa.

23. Timoun ensolan moute palè wa.

24. Timoun dezòd moute pye kokoye wa.

25. Grann mwen mouri, papa m pran l, li antere li dèyè kay la. Mwen pa janm pran sant li.

26. M al chèche doktè, doktè griyen dan sou mwen.

27. Mwen gen yon fi, chak jou mwen pral bo li, li ban mwen yon souflèt.

28. Papa m gen plizyè pitit fi. Lò gason koze avè yo, yo move.

29. Ren fen, bouda l dore.

30. Papa m gen yon ti pyebwa, dènye moun ki manyèn danse dansounou.

31. Se yon ras ak tout fè bayonèt yo byen pwenti.

32. Papa m fè yon konbit. Yo plante diran 301 jou. Men lè rekòlt la yon grenn pa leve.

33. Papa m gen yon kochon mare devan pòt lakay li. Kochon an lage, li pati, tras kòd la fè yo jwenn li.

34. Mwen monte yon kay ak dis santim sèlman.

35. Mwen sanle ak kouto zèb, men ou pa kapab pran m taye zèb.

36. Vanyan kou vanyan ou pa kapab pran pou mare lantouray.

37. M wè yon ti sentiwon atè a, m pa kapab manyen l.

38. Papa m gen yon ti chwal, depi l fin moute, se tèt anba pou l desann.

39. Si m pa bwòdè, m ta mare lantouray.

40. Glisad monte glisad.

41. 2 je, 8 pye, san tèt.

42. M ale kay doktè, doktè rale kanif 2 lam sou mwen.

43. Zo kouvri vyann

44. M pase yon kote, m mande yon ti gout dlo, yo antre yo pa soti.

45. Lerit san san.

46. Jou lanmò mwen, m abiye tou wouj.

47. M soti isit, m pral Grangwav; se pa do mwen mache jistan mwen rive.

48. Papa m rete lòt bò lanmè, li voye ban mwen yon ti chemiz san kole pou m pike.

49. Papa m fè yon ti kay, se tèt anba pou li met ti moun yo ladann.

50. Lè m ap ponpe, m ponpe sou 4 pye.

51. Yo kondane l vyèjfi depi li fèt

52. Timoun dezòdone leve prezidan sou chèz.

53. Papa m gen yon ti chwal, se arebò rivyè sèlman li kouri.

54. Chwal sovaj nan bwa.

55. Papa m plen pitit, yo tout se ak mouchwa nwa yo mare tèt yo.

56. Fanm Latibonit sèkle ak 2 wou.

57. Papa m gen yon pitit, se kou l mouri pou pye l detouse.

58. Mwen soti lavil Okay, mwen wè tout moun kepi wouj, kepi wouj, kepi wouj.

LAKATAWOU

59. M gen yon chwal ki mare. Dife tou patou. Chwal la boule, kòd la rete.

60. Gen towo pase towo.

61. Ti wouj rele, ti nwè kenbe kè.

62. Ti wouj niche dèyè ti nwè.

63. Lè papa m mouri, m pa te konnen kote yo antere l. M jwenn fòs la san yo pa di m.

64. Manman m gen yon pitit, menm si l ap kouri tout lajounen, nanpwen moun ki kapab kenbe l, sof manman l.

65. Fanm vakabon mache nan nwit.

66. Papa m gen yon ti chwal. Ou pa tape l, li kouri, li kouri... Yon ti kout frèt sèlman: tap, li kanpe sèk.

67. Manman m gen yon pitit ki gen yon maladi foli; li pase nan mil kay yo pa kapab rete l, se nan yon sèl kay yo kenbe l.

68. Dlo ki di.

69. Dlo boulang bwè dlo nan chouk banbou.

70. Manman m gen yon ti pitit fi. Tank li bèl, li fèmen li nan yon kay. Ak tout sa, très cheve li sòti deyò.

71. Ti chen modi pase anba rasin figye modi.

72. Manman m gen yon ti bourik. Li fèmen l andedan; ke l sòti deyò.

73. Papa m gen yon ti chwal retif. Li fèmen li andedan yon kay, li fèmen mezi pòt, mezi fenèt. Ti chwal la jwenn mwayen pou li sòti.

74. Papa m gen yon pyebwa, li lage fèy nan tout peyi.

75. Yon bò kasav menmen byen lwen.

76. Ti Nanèt gade kat patou.

77. Ton pòm ou pa kapab manje, yon rad ou pa kapab mete, yon lajan ou pa kapab sèvi.

78. Papa m voye m lavil, m byen banda. Lè m rive nan wout, mwen jwenn yon nèg ki pi banda pase m, mwen kouri retounen.

79. Rad kolomandja chire, fil kòlmòzò koud li.

80. Chwal sila a pa janm met tèt moute. Lè li move, tout moun antrave.

81. Gwo poulen dòmi nan seren.

82. M ale ya, m tounen ya a.

83. Baryè ba, kabrit pa kapab janbe l.

84. Papa m gen yon gwo magazen vyann, li pa janm gate.

85. Galta Bondye plen vyann.

86. Manman m gen 2 pitit. Tout ljounen tout lannwit y ap goumen, y ap batay.

87. Pase pran m, m a pase chèche ou.

88. Kote m fè, li fè dèyè m. M rive, vire tounen, li pran devan.

89. Mwen la, ou pa kap pran m.

90. Men m la a, pran m.

91. Sa ou gade m konsa.

92. Lakataw fè taw, nan Ginen tande.

93. Kodokodo kow, nan Ginen tande.

94. Papa m mete l pale, nan Ginen tande.

95. Pi wo plenn nou konnen.

96. Ganmèl ale kay kiyè, kiyè pasa ale kay ganmèl.

97. Papa m gen 3 mal bourik mare nan yon pak, youn pa janm kapab rankontre ak lòt.

98. Manman m gen 3 pitit, si youn pa la 2 pa kapab sèvi.

99. Twa ofisye pote larèn.

100. Papa m gen yon ti chwal, li pa janm kouri nan platon, se anlè ase li kouri. Kou li rive nan platon li chita.

101. Jou lanmò mwen m abiye tou wouj.

102. Papa m ap fè yon travay, li envite 90 zòm. Premye moun ki parèt se defen Siveyis.

103. Papa m gen yon towo bèf, lè li mennen li ale bwè dlo, kote l foure tèt li an, pens ak pikwa pa kapab retire l.

104. Papa m gen yon bèf ki tonbe nan lanmè, kòd kav pa kapab retire l.

105. Tòpi totolo tonbe nan lanmè, pens ak pikwa pa kapab wete l.

106. Papa m gen 2 ti asyèt, tou 2 menm lajè.

107. M san anwo, m san anba, kanari m 25.

108. M se yon gwo pye bwa, m fleri nan nwit sèlman.

109. Papa m gen yon jaden patat, se leswa ase li donnen.

110. Youn di l a kouvri, youn di l a tire.

111. Levit gran papa m chire, m pa kapab koud li.

112. Gran papa m rete isit, li griyen dan l jis nan Ginen.

113. Mwen file pase gonbo.

MEB AK ZOUTI

114. Manman m gen 3 pitit, yo gen menm non, men yo pa fè menm bagay nan kay la. Youn anba, lòt la nan mitan, twazyèm nan li nan tèt.

115. Manman m gen yon pitit, si yo mete l atè, li ba; si yo mete l nan mitan, li ba; si yo mete anlè, li rete ba.

116. Manman m pral nan mache, dlo rete l; men pitit li pase.

117. Kote pitit konnen, manman pa konnen.

118. Manman m gen yon pitit, depi l maten fòk ren l ap brase.

119. Manman m gen yon pitit, chak maten li leve, li fè yon wonn avè l.

120. Kaptenn dèyè pòt.

121. Waya waya, voye nan kwen.

122. Papa m gen 2 pitit gason, depi yo fèt yo gen sentiwon nan ren yo.

123. Bonjou vwazen, vwazen prete m bra ou.

124. Won kou boul, long kou gran chimen.

125. Li cha, li po.

126. Lè m bouch anba, m plen.

127. Wo kou ou wo, m wo pase ou.

128. Ti won nan twou.

129. Papa m gen 2 demwazèl lakay li. Youn ap lapriyè Bondye kilè pou l jou, youn ap lapriyè Bondye kilè pou solèy kouche.

130. Papa m fè wonn peyi a l ap fè renmen. Tout tan l ap pale ak mennaj li yo, se do pou li ba yo.

131. Twa zòm bat senk san mil òm.

132. Ti Mari grave vèrèt.

133. Papa m gen yon pitit ki gen 3000 lang. Tout pale pawòl pa yo.

134. Jennjan bwòdè se yon bèl bò nan chimen li mache.

135. M jouke bwa lematen, m desann atè leswa.

136. Chen nwa kouri sou tab.

137. Ti fi nwa fè lonè pou tout moun.

138. Ti fi nwa fè lanmou pwòp.

139. Tout fèy divan pòt mwen gen lapawòl.

140. Papa m gen yon pyebwa, tout fèy yo louvri je malad.

141. Papa m gen yon pyebwa, tout fèt fèy yo se priyè.

142. Youn ap laboure, lòt la ap bouche.

143. Ti zwezo vole trip pandye.

144. Malfini chèch manje poul chèch sou bwa chèch.

145. Papa m gen yon ti bourik, se anba vant li li manje; li watè sou do.

146. Papa m gen yon ti chwal. M sòti isit m ale Jeremi ak li. M pa lage li yon ti moman.

147. Papa m gen yon ti kannòt. Li chaje tout peyi a ladan l. Yon sèl bagay li bliye, li tounen pran l.

148. M prale kay wa. M kontre de chimen. Fò mwen pase pa toulède.

149. Papa m gen yon ti chwal. Anvan li moute l, li bat do li twa fwa.

150. Abiye pa janm sòti.

151. Manman m gen yon demwazèl andedan kay ak li. Men jou li pa la manman m pa itil anyen.

152. Nan yon kay se mwen ki pi piti. San mwen pèsonn pa kab dòmi.

153. M gen yon ti mal bourik, mwen rale ke l, li rele.

154. Si ou bezwen wè plezi Tijan, rale ti pijon Tijan.

155. Tijan rele wo.

156. Chen anraje jape nan trip.

157. Yon sèl òm kenbe san.

158. Si ou bezwen wè plezi m, bat mwen nan tèt.

159. Si ou vle konn bout vye tonton, bat li nan tèt.

160. Papa m gen yon ti chwal. Li manje, li bwè, li pa janm gra.

161. Madan Leyon mòde Leyon nan pye pou li pa sòti.

162. Ti blan save kouri sou platon nwa.

163. Bèf nwa mache nan savann bèf blan.

164. M boule kè m, m bwè san m, pou m fè lasosyete plezi.

165. Piti piti plen kay.

166. Papa m fè yon konbit. Yon sèl grenn bannann soulaje fòs tout travayè.

167. Papa m gen yon ti pyebwa, tout fèy li se pawòl.

168. Bou ou pa bon, yo toujou prese louvri m.

169. Papa m gen yon ti bourik, tout dan li se pawòl.

170. Papa m gen yon ti poulich. Toutan ou pa mete yon ti bout kòd nan tche

171. Menmsi ou te rèd, zo machwè bourik ap regle ou.

172. Defen gran papa m gen lontan depi li mouri. Jiskounye a zo li ap fè lagè toujou.

173. Depim maten 2 pitit papa m ap kouri youn dèyè lòt san yo pa ka jwenn.

174. Papa m gen yon ti chwal, si ou vle wè li kouri, soutni ke l.

175. Kaptnenn anba lanmè.

176. Papa m gen yon kay, tout mi l se fenèt.

177. Woyo, woyo voye m nan kwen.

178. Papa m gen yon kay, li monte l sou yon sèl poto ak uit travès.

179. M sòti anwo, m jwenn gran rivyè ap moute, ti pon ap desann.

180. Papa m gen yon poulen chwal, lè l ap desann mòn, anyen pa kapab rete l; lè l ap moute l, kou li rive nan mwatye wout li kanpe.

181. M sòti andeyò, m al Pòtoprens, m al achte yon chèlbè pou vin chèlbète.

182. Dan griyen 24 è.

183. Papa m gen yon ti poulich, toutan ou pa mete yon ti bout kòd nan ke l, li pa travay.

184. Papa m gen yon pyès pitimi. De ti zwezo san tèt fini li.

185. Papa Bonbye lage yon asyèt fayans, li tonbe atè li pa kase; li tonbe nan dlo li kraze.

186. Won kou boul, long kou gran chimen.

187. Vloup, vloup voye nan kwen.

188. Nonm pa nonm, nonm pale tankou nonm.

189. Papa m gen yon manman kochon. Li rive devan yon rigòl, tout pitit li travèse, li pa kapab travèse.

190. Papa m gen yon ti chen. Lè vant li plen, li pa konn pyès moun.

191. Eskize m, m pase.

192. Manman m gen yon pitit, chak pase li pase, li b l yon kalòt.

193. Ti milèt karida, sa ou genyen ou pa ponpe konsa?

194. Ti badin 4 fas.

195. Nèg nwa fè bouyon blanch.

196. Yon grenn pwa plen yon barik.

197. Manman m rache yon kochon, li mete l nan yon bak, li ban m al vann li. Lè mwen rive nan mache, m tèlman jwenn bon lavant, m vann vyann nan, m vann bak la.

198. Atibobo pa janm vann nan mache.

199. Byen nesesè pa vann nan mache.

200. Tout mache mwen mache, m pa janm jwenn doulè nan mache.

201. Moun ki fèl la, li vann li; moun ki achte l la, li pa bezwen l; moun ki sèvi avè l la, li pa konnen l.

202. Mwen achte yon towo bèf, se pou lang li.

203. M sòti lang mwen, moun pa pase.

204. 2 ne mare nan kè Konde.

205. Pase isit n a kontre lòtbò.

206. Pandan m sòti isit, m rive Foche, m jwenn yon koulèv k ap vale ke l.

207. Papa m gen yon ti chwal, pou li sele l, se pou l met 2 dwèt nan dèyè l.

208. Gwo chen jape san trip.

209. Papa m gen yon pitit; pou l fè l danse, se pou li pase kòd nan ren l.

210. Manman m gen yon ti chwal, li manje sou do, li watè anba vant.

211. Kaptenn anba kabann.

212. Kolonèl anba pon.

213. Ti chen won mare nan chenn, monte desann.

214. Papa m gen yon bèf, lè pou li sòti li sòti alèz. Lè pou li antre se mizè.

215. Zwezo vole trip li pandye.

216. Ren fen pike dore.

217. Yon sèl mò kenbe plizyè vivan.

DE KWA MANJE, BWÈ, FIMEN

218. Kò mwen tou blan, tèt mwen kale tou wouj.

219. Anbake leblan, dezanbake lemilat, atansyon, pou lenwa.

220. M pral Pòtoprens, manman m ban mwen yon bonm manje. Lè m ap tounen, m tounen ak bonm nan.

221. Gen yon bagay nan peyi a pèsonn pa ka moute. Piti piti moute l.

222. Ti Dadi bèl fanm, domaj l ale nan mache toutouni.

223. Si ou kreve m, m ap touye ou.

224. Nèg bwòdè pa bwè bouyon.

225. Ti nwè toufe ti blan.

226. Ti Mari met men li sou kote l. Li di: "M se granmoun".

227. Elizna Bozil, wete men sou ranch ou.

228. Depi m leve maten, mwen deklare manman m: mwen grangou.

229. M pral lavil, m jwenn yon nèg k ap kouri. M mande l sa l genyen. Li di m: "M pral achte dlo Panama pou fè nèg sòt pale franse".

230. Dèyè kou kaporal plen grès.

231. Dèyè tèt kaporal byen gra.

232. Mwen rantre blan, mwen sòti milat.

233. Do manman m an rabo.

234. Pipirit pise nan ke.

235. Si ou bezwen pawòl nan bouch vye granmoun, se tòdye bouch li.

236. Manman m gen yon pitit, chak maten li tòdye ren l.

237. Mwen sòti anwo m ap desann, mwen jwenn y ap bat yon nonm. Mwen ride bat li. Lè m ap tounen se li ki sove m.

238. Manman gen yon pitit fi, anvan li fè travay lematen, fò yo benyen l.

239. Ti wouj kanpe sou tab.

240. Papa m gen chodyè. Yon sèl manje ki kwit se lozèy.

241. Men m kase, mwen met bout pous mwen nan pòch mwen.

242. Yo ban m yon kout baton nan tèt mwen, m pise nan tèt mwen.

243. M rete isit, mwen konnen sa prezidan an manje an Frans.

244. Mwen fèt nan dlo, si mwen tonbe nan dlo m ap mouri.

245. Papa m gen yon ti batiman, li fin ranpli li chay; poutèt yon sèl ti bagay li pa ka ale.

246. Yo mòde m nan pye, m bay san nan tèt.

247. 4 pat, do laj.

248. 4 mòn, yon platon.

249. Sèvi l manje, li kanpe sou 4 pye, men li pakab manje.

250. Manman m kwit yon manje, anwo a boule, anba a pa boule.

251. Manman m gen 3 pitit. Li di yo ale fè wout yo. Youn di: "si gen wòch m pa prale", lòt la di: "si gen soley, m pa prale" dènye a di: "si gen lapli m ape rete".

252. Katedral kraze, nan pwen mason ki kapab ranje l.

253. Manman m rete lòtbò, li voye yon lèt ban mwen. M dekachte l, men m pa fouti rekachte l.

254. 2 kalite wonm nan yon sèl boutèy.

255. 10 kòb bè, 10 kòb mantèg.

256. Ti barik san sèk.

257. 10 pye tè, kanari bwa.

258. Manman m voye m nan dlo, m pran dlo a sèvi m twòkèt mwen.

259. M ret sou tèt mòn Bokyo, m wè sèkèy madoulè ape pase.

260. Anvan ou rantre lavil, fòk ou dezabiye ou.

261. Zànton rive mòn Pilbowo, li rele anmwe, anmwe, anmwe.

262. M wè tras pye granpapa m, m pa konn si l moute, si l desann.

263. Manman m mouri. Poutèt yon mouchwa blan m pa kapab ale nan lanmò l.

264. Papa m gen yon levit. Pou l mete sou li, se yon bwa pou l chèche, lè fini pou l detire levit la sou bwa a, anvan li ajiste l sou li.

PA PARE, PA RELE BÒS

265. Chwal gri moute mèt li.

266. Fè m, m a sere ou.

267. Papa m gen yon chwal, li sele sou do, li moute l anba vant.

268. Gwo poulen mèt seren.

269. M rete lòtbò, m wè papa m gen yon pitit, m konte tout zo kòt li.

270. Ou ka twonpe solèy, men se pa lapli.

271. Papa m gen yon ti chwal, chak moun ki pase ba li yon ti ponyen zèb.

272. M ale yon kote, m jwenn 300 manman bèf ak 200 towo. Tout towo wete kòn yo, tout manman bèf kenbe pa yo.

273. Granpapa m fè yon kòve, li envite tout katye a. Yon pati moun pa vini. Ak tout sa konbit la fèt.

274. Galta Bondye plen vyann

275. Depi m fèt mwen jwenn papa m se nèg l ap liyen, nèg l ap liyen.

276. M sòti anba, m ap moute; m jwenn nèg ap mare nèg.

277. Labouyi monte mòn.

278. M ap vini la a, pouki w ap gade m?

279. Manman m fè yon pitit, li paka janm deplase, toutan dlo nan je l.

280. Fè m, m a pase ou.

281. Yon ranje pye bwa, chak ak 2 branch san fèy, tout branch kole kole.

282. M sòti Pòtoprens, m pral Okap. Yon gwo lapli bare m. M wè yon pakèt kay. Pou m antre m pa kapab.

283. Gwo gri sou plato.

284. Ti gato, ti gato sou plato.

285. Anlè m tra a, anba m tra a.

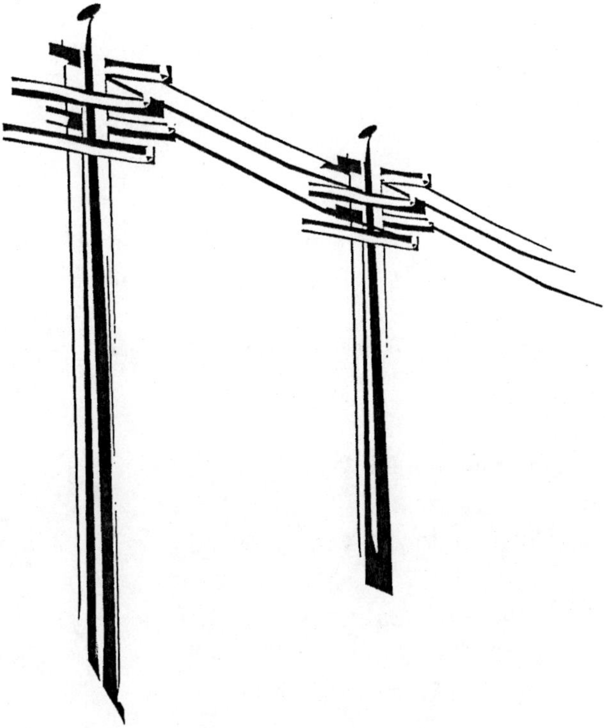

PAP SÒTI NAN ZÒRÈY POU M AL NAN TALON

286. Papa m gen yon jaden kann, li voye m chèche kann. Lè m vini li di m: “se pa sa, pote l tounen”. Tout chèche m chèche, m paka jwenn kote m te rache kann nan.

287. Papa m gen yon jaden, tout rekòlte li rekòlte, lè l ap merize li jwenn yon ti ponyen konsa.

288. M pral Leyogàn, m pote dis grenn bannann pou tonton m. Nan wout, tout grangou m grangou, m pa fouti manje yon sèl nan dis bannann yo.

289. Manman m fè yon pitit fi; lè li ansent, se dèyè do li, li pote l.

290. Manman m gen yon ti poul, li ponn de ranje mòn.

291. Manman m gen yon ti poul, li ponn sou 2 pikan.

292. Papa m gen 2 pitit gason. Li bay chak yon manchèt koulin pou yo goumen; pou youn blese lòt yo pa kapb.

293. Danje moute danje.

294. Fizi kout tire lwen.

295. M sòt Pòtoprens, m pral Lavale, sou wout l m ap simen ti mouchwa blan, ti mouchwa blan.

296. Papa m gen yon chouk bwa, tout lavalas ki pase kite li la byen dyanm.

297. Yon sèl pwason plen yon basen.

298. Papa m gen yon ti bèf wouj, li gade l nan yon pak tou blan.

299. Yon inosan nan mitan de asasen.

300. Manman poul ponn sou 2 ran pengwen.

301. Papa m gen yon kawo tè, yon sèl bò l li ka dòmi.

302. Papa m gen yon savann tè, siklòn pase, men gen yon pyebwa san fèy ki pa janm disparèt.

303. Chouk bwa nan lanmè.

304. M derape sou 4 wou, nan chimen m pèdi 2 wou, anvan m rive m gen tan moute grenn derechany mwen an.

305. 2 ti chodyè, yon sèl sèvis: kalalou ase.

306. 2 zo, 2 kiyè mantèg.

307. Bali kou anba, li vide dlo anwo.

308. Papa m gen yon jaden yanm. Li voye m fouye l. Lè m tounen, m vin nan twou a, m kite yanm nan.

309. 2 mòn kontre, pentad vole.

310. Timoun radi leve Prezidan nan dòmi.

311. Bata digo, bata digoten, zèb pa pouse.

312. Si pat panding pandang ou ta wè nan Ginen.

313. Si se pat Oleyan, m ta wè Selès.

314. M ap vin la, pouki w ap gade m?

315. Pye wo pase pye, pye pile pye.

316. 5 goulou nan yon goulou.

317. 5 mennen 4 nan machin 32.

318. Amiloko pa janm dòmi nan nwit.

319. M pral ak yon ti frè m; tout sa m fè pou l pran devan m li refize.

320. Prèv sou tab, m ap lwile l.

321. Yon manman gen 2 ti kochon. Yo desann nan so, men lè pou yo moute yo pa kapab.

322. Manmam m gen 2 ti kochon, lè yo rive nan yon laj...pou yo desann nan larivyè al bwè dlo, yo pa janm moute.

323. 2 pijon ki gen menm mèt.....yo mete yo chak yon bò ravin. Men yo pa janm kontre.

324. 2 ramye k ap bat chak yon bò ravin, men yo pa janm ka kontre.

325. Yon ravin nan mitan 2 mòn.

326. Pitit pa janm twò lou pou mèt li.

327. Papa m gen yon ti pye bannann ki donnen 2 rejim. Li ba yo bwa pou yo pa tonbe. Ak tout sa yo tonbe.

328. Manman m gen 3 pitit. Yon jandam vin pou arete yo. Yonn fonn, youn antre nan tè, youn di: "si ou kapab vin arete m!"

329. Papa m gen 2 bourik. Yo mare menm kote, men youn pa kab wè lòt.

330. W a sèkle dèyè kay la, atansyon 2 pye bazilik yo.

331. Ti chodyè monte mòn.

332. Ti wou dèyè mòn.

333. Mwen gen 2 ti panyen. M pran yo, m ale nan mache...m achte mezi sa ki nan mache a. Panyen yo pa kapab plen.

334. Manman m gen 100 tete, se pa fasil pou konnen sa ki gen lèt la.

335. Li po, li cha.

336. Papa m gen yon jaden, m al ladan l pou m fouye yanm. M bay yon sèl kout manchèt yap, m pa janm wè kote manchèt la frape.

337. Pandan m ap pase nan yon baryè, m tande zip-zip-zip-zip, mwen jwenn 3 zòm k ap devore yon sèl òm.

338. Twa zòm pase nan yon baryè, youn nan yo pa fè anyen.

339. Yon tifi ki marye nan laj 90 an.

340. Rele m myanm, m siyen nan tout biwo.

341. Chèche lavi, detwi lavi.

342. Dlo nan kwi.

343. Dlo poul mouri santi.

344. Li po, li to.

345. Papa m gen yon ti pyebwa, li fleri yon sèl fwa. Chak fwa dat la rive, tout timoun kontan.

346. Papa m gen yon ti pyebwa, yon sèl jou nan yon ane li donnen, se plis timoun ki rekòlte.

347. Prezidan nan boutèy.

348. Rata pasa kraza diva sita.

349. Sapati sapata.

350. Si l pa t ta, m ta la nan bak.

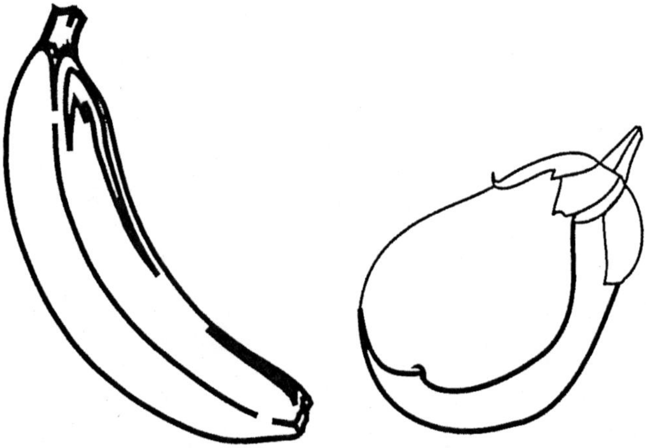

MAPOU PA KAJOU

351. Depi m fèt mwen leve m jwenn papa m ak yon ti gason ki gen yon ti mouchwa jòn bò kote l.

352. Fil aloumandya koud levit aloumandya.

353. Po kò m kwit san m.

354. Saladye mache pike tout bwa nan peyi a, li jwenn yon sèl bwa li paka pike.

355. Papa m gen yon kay, li monte l yon gon, yon panti, yon gon, yon panti.

356. Sen Pyè lapriyè tèt anba.

357. M manje l maten, m manje l midi, m dòmi l aswè.

358. Granpapa m gen menm 50 pitit gason, tout ak ti bout chemizèt sou yo.

359. Levit ti Kajis twò jis pou ti Kajis.

360. Manman m gen yon pitit, depi l fèt li gen yon ti chapo panama sou tèt li.

361. Levit papa m kouvri mezi mis li.

362. Si se pa t ponpon cheve m ou pa ta janm wè m.

363. Bouda papa m venn venn.

364. Riban kako manman m ban m manje.

365. Manman m voye yon ti malèt rad ban mwen. Tank m ap retire rad tank m ap jwenn pi bèl rad.

366. Manman rete lòtbò, li voye yon lèt ban mwen. Mezi m ap dekachte l m pakab fin dekachte l.

367. Ou bat platon vèt anvan ou jwenn platon blan.

368. Tout bwa nan bwa souke, gogolo nan bwa pa souke.

369. Men mwen, ou mèt bat mwen.

370. Papa m gen yon bann kabrit ki lage. Lè l fè sa pou l kenbe yo, tout kouri kite zago yo sou plas.

371. Anba lanmè tou ble.

372. M renmen pye m mouye nan dlo.

373. Papa m gen yon kay, li moute l sou yon sèl poto.

374. M pral lekòl, m jwenn moun abiye ak rad blan. Lè m ap tounen, mwen jwenn tout moun andèy.

375. M pral lekòl granmmaten, m wè yon bann timoun. Lè m ap tounen lakay yo tout tounen gran moun.

376. Yon sèl Ayisyen tiye mil blan.

377. Yon nwa detenn mil blan.

378. Manman m gen 10 pitit. Chak al nan yon peyi. Lè pou yo mouri, yo vin nan pye manman yo.

379. Jou m mouri, se pa jou m santi.

380. Papa m gen 2 pitit, yo fè yon jounen ap tire manchèt. Youn pa janm blese.

381. Papa m leve, li pran nat li, li janbe lòt bò lanmè pou l al kenbe zonbi malen.

382. M se manman 1000 timoun, m pote kouwòn mwen sou tèt mwen.

383. Ti fil kenbe ja.

384. Antye m bon, mòso m bon.

385. Prezidan Flòvil ap pase lame anrevi. Tout sòlda kas blan sou tèt.

386. Manman m gen twa pitit. Li fè chak nan yon fenèt.

387. Papa m fè 300 pitit. Chak pitit lakay li. Youn pa janm wè lòt.

388. Kou l midi, ti pengwen vole.

389. Manman poul woule gwo midi.

390. M nan mitan Ayisyen

391. Gwo zòting, gwo zòtèy.

392. Timoun radi janbe bòn.

393. Fèzè nan fèt la, li dòmi atè.

394. Lè m fèk fèt, mwen vèt, lè m jwen mwen wouj, lè granmoun mwen nwa.

395. Nan bese leve, do mwen ap pliye.

396. Griye m epi mete nan dlo bouyi.

397. Nan lakou frè Tiren, tout moun tou anwouj.

398. Pi bèl fanm abite nan bwa.

399. Papa m gen douz ti kochon, sis ki nan kòd yo pi gra pase lòt yo.

400. Degrese m, m a sèvi ou.

401. Papa m gen yon chwal, lè ale bwè dlo si ou pa rache yon grenn dan nan bouch li, li pap bwè.

402. Papa m gen yon ti bourik, toutan m pa peze tèt li, li pap bwè dlo.

403. Papa m gen yon pitit gason, lè pou li pran pitit gason an, se nan tèt pou li pran l.

404. Papa m gen yon pitit, depi l fèt li gen yon klou tòl sou tèt li.

405. M sèvi ak bwa, m sèvi ak manje, nan bal mwen la.

406. M ale kè kontan, sou wout tounen se plenyen.

407. Ti pyebwa donnen bouden.

408. Vach sila a mare douvan pòt. Men, yo pa janm tire l.

409. Ou jete bout, ou jete tèt, avantaj nan mitan.

410. Dlo kanpe.

411. Koupe pye mwen, koupe tèt mwen, san mwen pa janm koule.

412. Ti ka louvri nan de bout, li kenbe dlo.

413. Papa m dou, manman dou, pitit yo se rebelyon.

414. M al chèche doktè, doktè rive anvan m.

415. M koupe bwa, m koupe fè, pou m al bwè dlo nan peyi blan.

416. M pase baryè fè, m tonbe sou baryè gri, m jwenn lasous blanch.

417. De kwa bwè, de kwa manje, de kwa jete.

418. Dlo pandye.

419. Papa m gen yon ti kay, li masonnen li tou blanch andedan.

420. Bourik nan famasi pote 101 kalbas.

421. Li gen 3 zye, li wè nan yon sèl.

422. Po, zo, vyann, dlo.

423. M se yon moun byen won. M pot chemiz mwen byen kout, m pase pa fenèt. M tonbe vip.

424. Papa m gen yon kay, li bati l ak klou sèlman.

425. Adelin bèl fanm, domaj li grave vèrèt.

426. Towo nwa gwonde nan savann blan.

427. Ti poul blan, ponn ze nwa.

428. Bèf nwa mare nan savann bèf blan.

429. Manman m gen 100 pitit nan yon sèl kay, men chak pitit gen chanm pa li.

430. Papa Bondye ret anwo, li voye yon malèt plen vèsèl ban m, malèt la kraze, vèsèl yo pa kraze.

431. Papa m lage yon panyen ze atè. Panyen an kraze, ze yo pa kraze.

432. Dous pou manje, anmè pou bwè, glise pou manyen.

433. Vit vit kale bouyi.

434. Patat mache donnen san rasin.

435. Papa m gen yon bann poulen chwal. Tout kastonnen.

436. Papa m gen yon ti kay, nan pwen kote li p ale sou yon sèl pye.

437. M gen yon jaden, m fè yon balizay, m sèke li, m netwaye li, li fè 2 lapli, lè m ale pou mwen plante li, m jwenn yon ti chen bouch nwa ladan l.

438. Milatrès cheve dife.

439. Fanm jòn mouri nan kwen.

440. Retire po mwen wa jwenn bab mwen, retire bab mwen w a jwenn grenn mwen, retire grenn mwen w a jwen zo kò mwen.

441. Mwen pase yon kote, mwen wè tout moun pote pitit yo sou kote.

442. M sot anba, m ap monte, mwen wè po nèg mare nèg.

443. Papa m pot tabatyè li nan jenou.

444. Tout moun lakolin pote pitit yo nan ren, tout moun nan nò pote pa yo nan tèt.

445. Poutèt yon sèl sòlda ou touye dis sivil.

446. Zo bèf fè bèf.

447. M plante zo, m leve vyann

448. Ti choukoun donnen nan tè.

449. Chemiz woz, bouton nwa.

450. M gen yon ti kochon, lò ou touye l se rad vlou senpleman.

451. Dlo kouche.

452. Levit ti kajis chifonnen fil fil.

453. Vize pa tire.

454. Timoun fwonte lonje dwèt sou Bondye

455. Prezidan ap pase, minis yo pase anlè, prezidan pase anba.

456. Depi m fèt, m pote yon ti tiyon wouj dèyè tèt mwen.

457. Bèl fanm kou ti Mafi domaj li tripotay.

458. Yon mò kenbe yon vivan.

459. Depi m leve, m jwenn papa m ap fè lagè, jiskan l mouri l ap fè lagè, gen syèk li mouri l ap fè lagè toujou.

460. M fè yon gwo konbit. Yon sèl grenn bannann kontante tout moun.

461. M fè m leve, m wè manman m gen yon bann pitit, yo tout fou depi yo fèt.

462. Ti Soso bèl fanm, domaj li kriminèl.

463. Aveli bèl fanm, pitit nan vant li selera.

464. Ti panyen plen mechanste

465. Bondye fè m vèt, men lanati fèm jòn.

466. M gen yon ti kasèt, m ouvri l, m pa kap fèmen l.

467. Sèkèy madan wa fèt anba tè.

468. Leve ti poul basèt, pran ze.

469. M al nan magazen. M achte yon rad. Mwen wè landwat, mwen wè lanvè l. Lè m rive lakay, m pa jwenn ni landwat, ni lanvè.

470. M pase yon kote mwen wè tout moun pote pitit sou tèt.

471. Mwen sòti lavil Okap, sou tout wout la: ti krache blan, ti krache blan.

472. Fanm jòn kole sou nonm nwa.

473. Chapo kaporal tonbe, kaporal pa kap ranmase l.

474. Manman m gen yon pakèt pitit, tout konn lavil, li menm, li pa konn lavil.

475. Papa m gen yon jaden patat, mwen fouye l, m pa janm jwenn rasin li.

476. M ba ou, pouki w ap gade m?

477. M konnen 2 sè marasa. Yo pa ka distenge ni Adelin, ni Adelina. Se lè yo fè pitit ase, yo va distenge yo.

478. M pase yon kote mwen wè tout moun ajenou

479. Mwen di bonjou, granmoun yo reponn, jenn yo rete bouch fèmen.

480. Wil titi, wal tchatcha, jenn fi tounen ranyon.

481. Papa m gen twa pitit, yo gen menm non. Men yo pa menm kalite pou sa.

482. Lyan koukou mare koukou dan sere.

483. Woo! Gade zo kòt manman m non!

484. Bouda gran mouche venn venn.

485. Yon sèl wowo fè mil òm.

486. Papa m voye m al kase fèy. Tout kase m kase fèy, m pa kapab fin kase fèy.

487. M se rèn tout fèy paske yo sèvi avè m pou m kapab pase anvi tout moun.

488. Papa m sòt Kiba li pote yon rechany pou mwen. Rechany lan blan andedan, vèt deyò.

489. Jakèt gran mouche tonbe, li pa kap bse ranmase l.

490. Se chak sis mwa papa m chanje yon kostim sou do l.

491. Gran papa m gen yon pitit, chak si mwa li lage yon lèch.

492. Sentiwon papa m boukle mezi vant li.

493. Pi bèl rechany blan papa m genyen, se anba dlo li jwenn li.

494. Gangan Latibonit fè seremoni pa do.

495. Papa m pran yon ganmèl, li foure l anba dlo. Lè li monte, li monte ak yon ganmèl ankè.

496. Asòmsòm, se mwen ki la.

497. Siyen tonbe sou sou Siye, Siye rele: ay Siyen!

498. Jou mwen mouri a se jou a mwen a kouche.

499. M ap mache, m kase zòtèy mwen. Pitit nan vant mwen rele "Agoyaya".

500. Ti kochon boul nan vant.

501. Milatrès bèl ponpon dous kou siwo.

TIYON DEGI

502. M rankontre yon ti gason tout figi li plen bab.

503. Tchatcha ou, tchatcha ou, mete gran moun nan nan kwen.

504. Vyann anwo, vyann anba, po nan mitan.

505. M pa kapab konte rasin zotobre.

506. Yo koupe m sou tab, men yo pa kapab manje m.

507. Mwen gen yon bourik ak pitit li, chak maten m abiye li ansanm ak li.

508. Manman m gen yon pye pòm, si m touche pòm yo, li pantan.

509. Tout moun ranje kabann yo anwo latèt, mwen se nan lanmè mwen ranje pa m.

510. Twa ba sele yon sèl malbourik.

511. Papa m fè yon prizon an siman ame, m jwenn mwayen m sòti.

512. Ou mèt ale nenpòt ki kote m ap suiv ou.

513. Bwa anwo, bwa anba, grenn nan mitan.

514. M grandi tèlman, chak 5 jou manman m blije koupe tèt mwen.

515. Nan chimen gran papa m, ou jwenn gato tout lè.

516. M gen yon kavalye, zepon li toujou byen file, li pa janm moute chwal.

517. Mwen gen yon ti kabrit, se nan lè li mache.

518. Papa mwen gen yon ti chwal, pou li benyen se detripe pou l detripe l.

519. Maten li mi, aswè li pouri.

520. Mwen gen yon ti zwezo, mwen mete li atè li pa vole, kou mwen ba li dlo mwen pèdi li.

521. 32 sòlda gade yon sèl òm.

522. Si nan pwen ti wouj, ti nwa pa bay.

523. Gen yon lame ki gen 10000 moun ladann, li antre nan vil la mwen pa konnen.

524. Mwen sòti anvan mwen rele.

525. - Ti Mari, vini lave asyèt a ou!
- M pa kapab
- Ti Mari, vini pran manje a ou!
- M a debat.

526. Dezabiye mwen w a kouche.

527. Pitit mwen pa machandiz, men se nan tèt mwen, mwen pote li.

528. Do ale, do vini.

529. Nan vil Tomasen gen yon mès san rete.

530. Mwen pase yon kote, m jwenn yon nonm k ap jwe vyolon. M ale Okay difon, m tounen, m jwenn li la.

MEN REPONS YO

1. Nen bèf
2. Nen kochon
3. Nen kochon
4. Manmèl bèf
5. Manmèl bèf
6. Manmèl bèf
7. Manmèl bèf
8. Zago bèf
9. Zago chwal sou wòch
10. Zepon kòk
11. Zepon kòk
12. Kaka bèf
13. Arenyen krab
14. Bèf
15. Bèf
16. Bèf
17. Boustabak
18. Chen
19. Chen
20. Chen k ap niche chodyè
21. Chen
22. Foumi
23. Foumi k ap moute boutèy siwo
24. Foumi k ap moute boutèy siwo
25. Foumi
26. Gèp
27. Gèp
28. Gèp
29. Gèp
30. Gèp nan pyebwa

31. Jwayez
32. Kabrit k ap kaka
33. Kalmason
34. Kal pwason
35. Ke kòk
36. Koulèv
37. Koulèv
38. Koulèv
39. Koulèv
40. Koulèv k ap moute palmis
41. Krab
42. Krab
43. Krab
44. Krab
45. Krab
46. Kribich
47. Kribich
48. Lanmori
49. Madan sara
50. Milèt
51. Milèt
52. Pinèz
53. Pou ki nan tèt
54. Pou ki nan tèt ou
55. Poudbwa
56. Poul
57. Poul
58. Sèpantye
59. Chimen nan raje
60. Dife
61. Dife anba chodyè
62. Dife anba chodyè

63. Dife
64. Dlo k ap bouyi nan chodyè
65. Dlo anba pon
66. Dlo cho ak dlo frèt
67. Dlo k ap desann
68. Glas
69. Lakansyèl
70. Lafimen
71. Lafimen
72. Lafimen
73. Lafimen
74. Lalin
75. Lalin
76. Lalin
77. Lalin, syèl, zetwal
78. Lapli
79. Lapli ak tè fanm
80. Larivyè
81. Lanmè
82. Lanmè
83. Lanmè
84. Lanmè
85. Lanmè
86. Lanmè ak lakòt
87. Lonbray
88. Lonbray
89. Lonbray
90. Lonbray
91. Lonbray
92. Loraj
93. Loraj
94. Loraj

95. Plènlin
96. Rivyè ki pral nan lanmè
97. Wòch dife
98. Wòch dife
99. Wòch dife
100. Wòch k ap degrengole
101. Solèy
102. Solèy
103. Solèy
104. Solèy
105. Solèy ki kouche
106. Syèl ak latè
107. Syèl ak latè
108. Syèl ki plen zetwal
109. Syèl ki plen zetwal
110. Syèl ak pye palmis
111. Tè ki fanm
112. Zeklè
113. Zetwal
114. Ba pou pye
Ba bourik, Ba: bo
115. Ba yo sele bèt
116. Bal fizi
117. Bal fizi
118. Bale
119. Bale
120. Bale
121. Bale
122. Barik
123. Batwèl
124. Bobin fil
125. Chapo

126. Chapo
127. Chapo
128. Chapo
129. Chèz ak kabann
130. Chèz
131. Dan moulen ak kann
132. De yo koud
133. Diksyonè
134. Djenn manchèt
135. Drapo
136. Fè pou pase rad
137. Fè pou pase rad
138. Fè pou pase rad
139. Fèy liv
140. Fèy liv
141. Fèy liv
142. Fil ak zegwi
143. Fil ak zegwi
144. Fizi, pouk li ak bal
145. Galè
146. Gouvènay
147. Gouvènay
148. Janm kanson
149. Kabann
150. Kabann
151. Kle pòt
152. Kle pòt
153. Klòch
154. Klòch
155. Klòch
156. Klòch
157. Klou

158. Klou
159. Klou
160. Kouto zèb
161. Kòchèt pòt
162. Lakrè ak tablo
163. Lank ap papye
164. Lanp gaz
165. Lanp
166. Lim
167. Liv
168. Lèt
169. Machin-a-ekri
170. Manch pikwa
171. Mèl yo file
172. Mòso boutèy
173. Moulen-a-bèt
174. Moulen mayi
175. Nas
176. Nas
177. Nat
178. Parasol
179. Pantalon ak chemiz
180. Pantalon
181. Peny
182. Peny
183. Pikwa ak manch li
184. Pilon ak manch li
185. Papye
186. Plòt fil
187. Rad sal
188. Radyo
189. Revòlvè

190. Revòlvè
191. Rido
192. Rido
193. Rido
194. Savon
195. Savon
196. Mò san sèkèy
197. Sèkèy
198. Sèkèy
199. Sèkèy
200. Sèkèy
201. Sèkèy
202. Seri
203. Seri
204. Seri
205. Sentiwon
206. Sentiwon
207. Sizo
208. Tanbou
209. Tòpi
210. Graj
211. Vaz (potchanm)
212. Vaz (potchanm)
213. Yoyo
214. Zegwi ak fil
215. Zegwi ak fil
216. Zegwi
217. Zen ki kenbe pwason
218. Alimèt
219. Biskuit, pen
220. Bonjou
221. Boutèy foumi monte

222. Boutèy
223. Chodyè bouyon sou dife
224. Fouchèt
225. Founo ak biskuit
226. Gode
227. Gode
228. Kafetyè
229. Kleren
230. Kouvèti chodyè
231. Kouvèti chodyè
232. Pen
233. Graj
234. Grèg kafe
235. Grèg kafe
236. Grèg kafe
237. Kasav
238. Krich
239. Krich
240. Pip
241. Pip
242. Kalimèt pip
243. Sèl
244. Sèl
245. Sèl nan chodyè
246. Sigarèt
247. Tab
248. Tab
249. Tab
250. Tabak nan pip
251. Ze, mantèg ak sèl
252. Ze
253. Ze

254. Ze
255. Ze
256. Ze
257. Batiman
258. Batiman sou dlo
259. Batiman
260. Batiman ak vwal
261. Kamyon k ap moute mòn
262. Mak kabwèt, mak oto
263. Vwal batiman
264. Vwal batiman
265. Kay
266. Kay
267. Kay
268. Kay
269. Kay y ap klise
270. Kay: tòl kay
271. Lakwa
272. Legliz
273. Legliz
274. Simityè
275. Lantouray
276. Lantouray
277. Masonn kay
278. Papòt kay
279. Pi dlo
280. Pon
281. Poto elektrik
282. Simityè
283. Tonm nan simityè
284. Tonm nan simityè
285. Travès kay

286. Cheve
287. Cheve
288. Dis dwèt
289. Dèyè molèt janm ou
290. 2 ran dan ou
291. 2 ran dan ou
292. De popyè je ou
293. Fanm ansent ki moute chwal plenn
294. Je ou
295. Krache
296. Lalwèt
297. Lang
298. Lang
299. Lang
300. Lang nan mitan de ran dan
301. Lonbrik
302. Lonbrik
303. Lonbrik
304. Moun
305. Nen ou
306. Nen ou
307. Nen ak je
308. Tou dèyè ou
309. Pete
310. Pipi
311. Pla men
312. Po vant
313. Po vant
314. 2 popyè je ou
315. Pye k ap moute match eskalye
316. Pye nan soulye
317. Senk dwèt mennen yon fouchèt nan bouch ou

318. Souf ou
319. Talon ou
320. Tèt grenn
321. Tete
322. Tete fi
323. Tete fi
324. Tete
325. Tete, fant dèyè
326. Tete
327. Tete fi
328. Van, pipi, poupou
329. Zòrèy
330. Zòrèy
331. Zòrèy ou
332. Zòrèy
333. Je ou
334. Bòlèt
335. Chapo
336. Kout manchèt nan dlo
337. De zòm k ap siye bwa
338. Dezyèm nan
339. Maryeta
340. Mèt siyen
341. Miyami, Naso
342. M bwè l = ou bwèl
343. M bwè l = ou bwèl
344. Poto
345. Premye Janvye
346. Premye Janvye
347. Prezidan Vinsan
348. Rat la pase, li kraze
349. Sapat

350. Tabak
351. Bab mayi
352. Bagas kann
353. Bagas kann
354. Banbou
355. Banbou kann
356. Bannann
357. Bannann
358. Berejèn
359. Berejèn
360. Berejèn
361. Berejèn
362. Boujon patat
363. Bounda palmis (militon)
364. Bwa patat
365. Chou
366. Chou ponmen
367. Chou palmis
368. Chouk bwa
369. Chouk bwa
370. Chouk kann
371. Digo
372. Diri
373. Dyondyon
374. Dyondyon
375. Dyondyon
376. Dyondyon
377. Dyondyon
378. Fèy bannann
379. Fèy ki tonbe nan dlo
380. Fèy kann
381. Fil anasi

382. Grenad
383. Militon, grenadin
384. Grenn kafe
385. Grenn masketi
386. Grenn masketi
387. Grenn masketi
388. Grenn masketi
389. Grenn masketi
390. Grenn melon dlo
391. Jenjanm
392. Joumou
393. Joumou
394. Kafe
395. Kafe
396. Kafe
397. Kafe k ap mi
398. Kajou
399. Kalbas sou pye pi gra pase sa yo grate
400. Kalbas
401. Kalbas
402. Kalbas
403. Kalbas
404. Kalbas
405. Kalbas
406. Kalbas nan dlo
407. Kas
408. Kandelab
409. Kann
410. Kann
411. Kann
412. Kann
413. Kann, siwo, kleren

414. Kokoye
415. Kokoye
416. Kokoye
417. Kokoye
418. Kokoye
419. Kokoye
420. Kokoye
421. Kokoye
422. Kokoye
423. Kokoye
424. Kowosòl
425. Kowosòl
426. Koton
427. Koton
428. Labapen
429. Labapen
430. Labapen
431. Labapen
432. Lalwa
433. Lam veritab (polo veritab)
434. Lamitye
435. Latanye
436. Lanbi
437. Masketi
438. Mayi
439. Mayi
440. Mayi
441. Mayi
442. Mayi
443. Mayi ak zepi l
444. Mayi ak pitimi
445. Mango

446. Manyòk
447. Manyòk
448. Manyòk
449. Melon
450. Melon
451. Melon
452. Militon
453. Palmis (flèch)
454. Palmis
455. Patat
456. Pentad
457. Pentad
458. Pikan
459. Pikan bayawonn
460. Piman
461. Piman
462. Piman
463. Piman
464. Piman
465. Piman
466. Pistach
467. Pistach
468. Pistach
469. Pit
470. Pitimi
471. Po kann
472. Pòm kajou
473. Pòpòt bannann
474. Pye kafe
475. Pye kafe
476. Pye mango
477. Pye veritab ak pye labapen

478. Pwa k ap leve
479. Pwa kongo sèch ak pwa kongo vèt
480. Pwa kongo sèch ak pwa kongo vèt
481. Zèb ginen, yanm ginen, pwav ginen
482. Rasin banbou
483. Rasin bwa
484. Rasin palmis
485. Wowoli
486. Wowoli
487. Tabak
488. Tach palmis
489. Tach palmis
490. Tach palmis
491. Tach palmis
492. Tach palmis
493. Vyanm kokoye
494. Woma
495. Yanm w ap plante
496. Zaboka ki tonbe
497. Zaboka ki tonbe sou kochon
498. Zaboka
499. Zaboka
500. Zaboka
501. Zannana
502. Koton
503. Nat
504. Sèl chwal
505. Palmis
506. Kat
507. Matla ak zòrye
508. Tete
509. Solèy

510. Twa ba pòt
511. Foumi
512. Lonbray
513. Pilon, manch ak kafe
514. Zong
515. Kaka bèf
516. Kòk
517. Zwezo
518. Kalbas
519. Zaboka
520. Kannòt
521. Dan ak lang
522. Dife ak chodyè
523. Foumi
524. Bal ak fizi
525. Chat
526. Kabann
527. Pitimi
528. Dodin
529. Myèl
530. Myèl